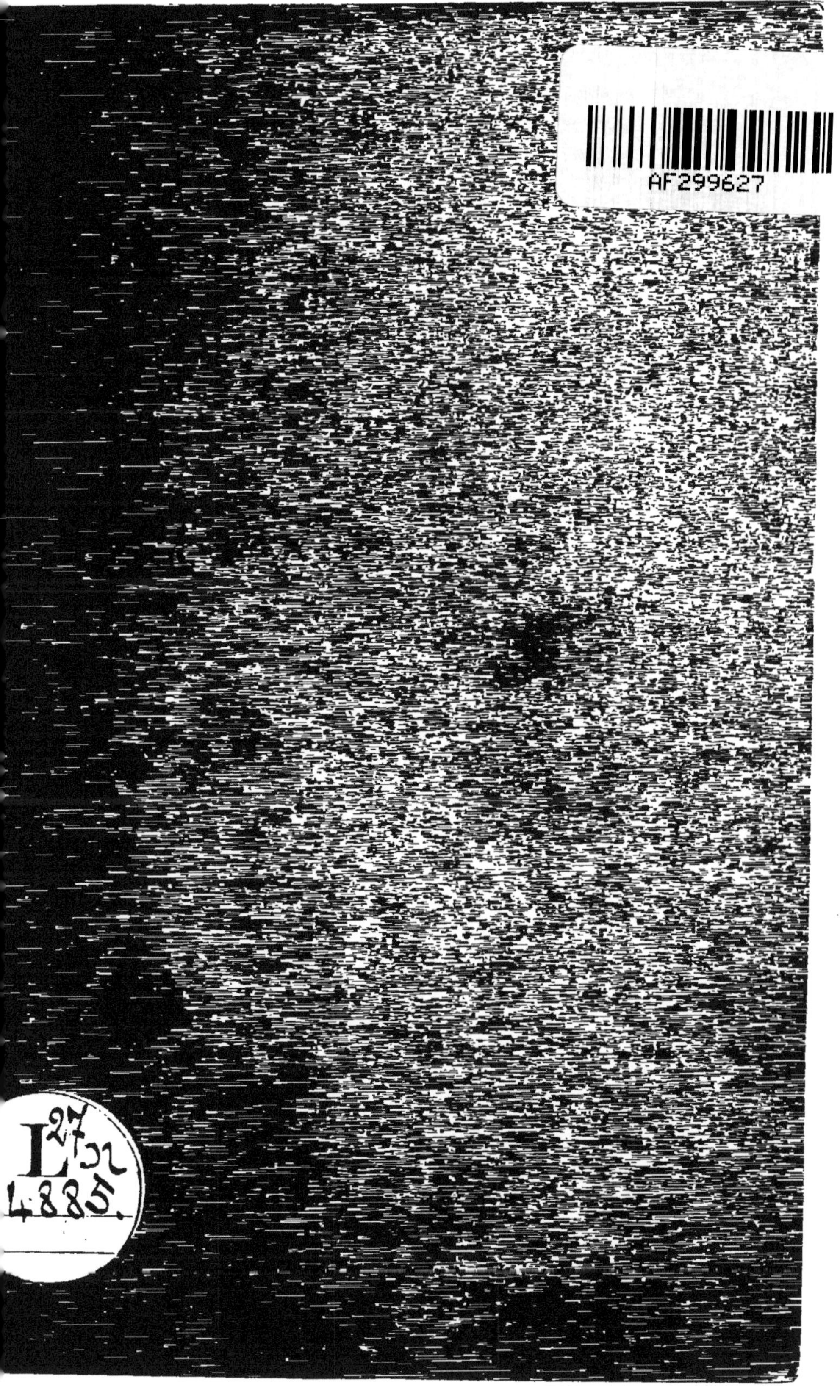

ÉDOUARD DEVAUX

SA BIOGRAPHIE

SES FUNÉRAILLES

SAINT-OMER

IMPRIMERIE FLEURY-LEMAIRE, RUE DE WISSOCQ

1884

ÉDOUARD DEVAUX

SA BIOGRAPHIE

SES FUNÉRAILLES

SAINT-OMER

IMPRIMERIE FLEURY-LEMAIRE, RUE DE WISSOCQ

1884

EDOUARD DEVAUX

On espérait toujours qu'Edouard Devaux vaincrait la terrible maladie qui
est venue le saisir brusquement au milieu de ses occupations et briser ses forces qu'un labeur incessant et excessif
n'avait pu jusqu'ici affaiblir.

Mais le vendredi 25 janvier 1884, à
5 heures du soir, l'honorable et vénéré
sénateur s'éteignait à Béthune au milieu
des siens avec tout le calme et toute la
résignation de l'homme de bien dont la
tâche est accomplie, et bientôt la fatale
nouvelle se répandait à Saint-Omer,
remplissant les cœurs de douleur et les
yeux de larmes.

C'est qu'à Saint-Omer il n'y avait
qu'une voix pour proclamer que notre
regretté concitoyen avait été toute sa

vie la probité même et le type de l'homme qui trouve son bonheur à rendre les autres heureux, Devaux s'est consumé à faire le bien, ce qui est le plus beau des martyres.

. Une probité légendaire, une bienveillance à toute épreuve, une modestie aussi franche que charmante à côté d'une intelligence d'élite et d'un talent remarquable, un désintéressement poussé jusqu'à l'excès lorsqu'il s'agissait de rendre service, telles étaient les qualités de l'homme privé !... Mais l'homme public, dans notre concitoyen, ne le cédait en rien à l'homme privé. Là encore nous trouvons en Édouard Devaux le *justum et tenacem propositi virum :* le citoyen honnête et ferme dans ses principes.

Libéral au sortir du collège où il a fait de brillantes études et où il s'est abreuvé aux sources pures et vives d'une noble philosophie, il ne dément pas sa première éducation de famille et de collège à l'École de droit, où ses condisciples et ses professeurs ont bien vite reconnu chez lui une haute intelligence et un noble cœur.

Avocat, il s'inscrit au barreau de Saint-Omer, et, dès son début, il y conquiert un rang honorable, sans jamais séparer les devoirs de l'avocat de ceux de l'honnête homme qui se doit à la justice, et du citoyen qui a pris à cœur d'aider au triomphe des idées libérales et vraiment démocratiques.

La révolution de 48 éclate et l'on fait appel à son dévouement : avec le désintéressement entier qui le caractérise, il s'éloigne du barreau où des intérêts sérieux le convient à rester, et il accepte les fonctions de procureur de la République à Arras.

Le coup d'État du 2 décembre le trouve juge près le Tribunal civil de Saint-Omer, où l'attrait bien naturel de sa ville et de sa famille l'avait ramené ; Édouard Devaux n'hésite pas un moment. — Il ne saurait absoudre un attentat criminel contre la souveraineté nationale, une violation sacrilège de la foi jurée ; il envoie sa démission et, bravant l'usurpateur qui, d'un mot, peut le proscrire, il motive hautement la détermination qu'il a prise ; car autant Devaux était bon de sa nature, autant il avait de hardiesse et d'énergie lorsqu'il était en face d'un devoir à remplir, quelque rigoureux qu'il pût être. Il n'est personne à Saint-Omer qui ne se rappelle encore, en frémissant, l'audace avec laquelle Devaux, apprenant le lâche assassinat de M. Berthier par un

Anglais, malgré la terreur que ce dernier causait dans le public, pénétra jusqu'à Fitz-James, et, au nom de la loi, l'arrêta sans que celui-ci se sentît le courage de se défendre.

En 1870, à la nouvelle du désastre de Sedan, le gouvernement qui avait déchaîné l'invasion allemande sur nos départements s'enfuit, et il faut un homme de cœur et d'esprit qui soutienne l'élan patriotique dans nos départements du Nord ; or, une des feuilles libérales de Lille est veuve de son premier rédacteur qu'un devoir impérieux a appelé à Tours, Devaux se sacrifie encore une fois et la cause libérale, en même temps que celle de la patrie, est défendue par notre concitoyen avec un talent qui ne le cède qu'à son dévouement. — Relevé de ce poste d'honneur, il est appelé à un autre : à la sous-préfecture de Saint-Omer. — Il y court, puisqu'il y peut être utile. Mais lorsqu'il a fait aimer la République dans sa ville natale, il s'en retourne, comme Washington, chez lui, trouvant une ample récompense de ses services dans la satisfaction d'avoir accompli encore une fois une bonne action.

Chose bien digne de remarque : d'autres courent après les honneurs ; Devaux ne va au-devant que des devoirs. Mais les honneurs vont au-devant de son mérite, qui, malgré sa modestie, éclate partout où il se fixe. — A Lille, où les intérêts de sa famille l'ont momentanément appelé, on l'arrache de sa retraite pour lui donner une place dans le Conseil municipal, et voici que ses concitoyens le forcent, en lui confiant le mandat de député, à revenir parmi eux mettre de nouveau son talent, son dévouement et sa grande expérience au service de la patrie et de leurs intérêts.

Il se sacrifie encore et l'on sait avec quel dévouement il s'est employé à défendre dans le Parlement tous les intérêts publics mis sous sa sauvegarde ; on sait avec quelle abnégation, avec quel zèle, avec quelle activité il a en tous temps soigné les intérêts particuliers de ses concitoyens, lorsque ces intérêts lui paraissaient dignes de son patronage.

Aux élections du 20 février 1876, pour la Chambre des Députés, Devaux posant sa candidature à Saint-Omer, avait fait sa profession de foi en ces termes : « Depuis que j'ai l'âge d'homme, dit-il, je suis attaché aux grands principes conquis par la grande Révolution de 1789.

« Au cours d'une carrière assez longue, j'ai combattu de la parole et de la plume pour la propagation et le développement de ces principes, et je me suis associé, à travers les vissicitudes d'une lutte opiniâtre, aux efforts tentés pour assurer le triomphe définitif du parti républicain... Ce que j'étais hier, je le serai toujours, un républicain sincère et dévoué. »

Quel député a jamais plus religieusement tenu ses promesses ?

Élu député, Devaux est allé siéger à la gauche, et a constamment voté avec la majorité républicaine.

Après le coup d'État parlementaire du 17 mai 1877, il a signé le manifeste des gauches contre la politique de combat qui venait d'être de nouveau inaugurée, et, le 19 juin suivant, il a voté l'ordre du jour de défiance contre le ministère de Broglie-Fourtou.

Aussi lorsque le 14 octobre 1877, il pose de nouveau sa candidature à Saint-Omer, il est élu par 5,618 voix contre 5,386 données au candidat officiel ; le 21 août 1881, il est réélu député ; le 8 janvier 1882, il est sénateur.

Dans son numéro du 27 janvier le *Mémorial Artésien* annonçait ainsi les préparatifs faits pour ses funérailles :

Les funérailles de Devaux seront célébrées à Béthune, où il est décédé, le mardi 29 janvier, à 10 heures 1/4, mais l'inhumation aura lieu à Saint-Omer dans l'après-midi de ce jour.

Le corps arrivera à 3 heures 30 à notre gare, où ses amis, ses concitoyens l'attendront en grande foule, nous en sommes certain, pour rendre les derniers devoirs à celui qu'ils aimaient de tout cœur parce qu'ils étaient aimés de même par lui.

M. le Maire a convoqué le Conseil pour lui annoncer la triste nouvelle qu'il accueillera certainement avec la plus vive émotion.

Toutes les Sociétés de la ville seront invitées par l'Administration municipale à se réunir pour le funèbre cortège.

Puissent toutes ces manifestations de sympathie alléger la grande douleur qui afflige l'honorable et estimée famille du Sénateur Devaux.

LES FUNÉRAILLES

A BÉTHUNE

Les funérailles de M. Devaux ont eu lieu le 29 janvier, au milieu d'une affluence considérable de personnes, venues de tous les points du Pas-de-Calais, des départements limitrophes et de Paris, pour donner au vénéré sénateur, un dernier et suprême hommage. Nous pouvons dire qu'elles ont été dignes de l'illustre défunt et du parti républicain dont il était le chef dans notre département.

Dès neuf heures et demie les invités arrivaient chez M. le docteur Haynaut, où M. Devaux a succombé, pour saluer l'inconsolable famille du défunt si unanimement regretté. A dix heures arrivait en corps, et précédée d'une magnifique couronne, la société républicaine d'instruction, dont M. Haynaut est le fondateur et le président. Sur tous les visages se lisait une profonde douleur. Aux abords de la maison mortuaire une foule compacte et recueillie attendait l'heure de suivre la dépouille mortelle de celui que nous écoutions encore il y a si peu de temps, parler avec une éloquence à la fois si simple, si émouvante et si vraie, des droits et des devoirs du citoyen. Dans les groupes il n'y avait qu'une voix pour déplorer le cruel malheur qui prive les républicains de notre région d'un chef, en qui s'incarnaient toutes les vertus patriotiques et républicaines.

Vers dix heures et demie, le cortège se met en marche. En avant du cercueil se trouve M. Jonnart, conseiller général du canton de Fauquembergues, ami intime du défunt, portant sur un coussin de velours rouge, les insignes de sénateur. A droite et à gauche de M. Jonnart, et portant des couronnes de violettes MM. Hermant-Bouquillion, de Saint-Omer, et Henri Houbart, de Paris, anciens condisciples et amis de M. Devaux.

Sur un deuxième rang :

M. Deguisne, adjoint au maire de la ville de Béthune, portant la couronne de la municipalité ; à sa droite M. Faucquetté, ancien maire d'Aire, avec la couronne offerte par cette dernière ville ; à sa gauche M. Fernand Bar, président de la Société de tir des Volontaires

Béthunois, portant une couronne en marbre sculpté, offerte par cette société.

Puis venait le cercueil avec un luxe de fleurs naturelles que la famille avait eu le soin de choisir parmi celles préférées par le défunt : Les violettes et les lilas blancs.

De nombreuses couronnes provenant d'amis de la famille, viennent ensuite, portées par des membres de la société républicaine d'instruction : La couronne offerte par la ville de Saint-Omer, celle des anciens élèves du collège de Saint-Omer, celle de la société républicaine d'instruction du canton de Béthune, celle du *Petit Béthunois*, avec cette devise : *Fais ce que dois, advienne que pourra*, etc., etc.

Les coins du poële sont tenus par MM. Huguet, sénateur ; Ribot, député ; Vel-Durand, préfet du Pas-de-Calais ; Oscar Dupuich, maire de Béthune ; Mahieu-Sauvage, adjoint ; Hanon-Sénéchal, conseiller municipal.

Les pompiers de Béthune rendent les honneurs militaires ; la Musique municipale et la Fanfare des sapeurs-pompiers, jouent des marchent funèbres.

Dans l'assistance nous avons remarqué MM. Boucher-Cadart, Demiautte, sénateurs du Pas-de-Calais, Magniez, sénateur de la Somme.

MM. Achille Fanien, André Déprez, Bouilliez-Bridoux, Georges Graux, députés ; M. Henri Marmottan, ancien député, maire du 16e arrondissement de Paris.

MM. Beaucourt, Guilbert, Gustave Dellisse, Leloup et Legrelle, conseillers généraux.

MM. Gerbore-Pierron, Adolphe Lenglet, Foulon, Boulinguez, conseillers d'arrondissement.

Le conseil municipal de Béthune au complet.

MM. Cottez, président du tribunal de Béthune; Dulau, procureur de la République ; Delalé, Lewalle, Mazure, juges, Lenormand, substitut. MM. les chefs de service de toutes les administrations.

M. le général Broye, commandant la subdivision à Arras, et un aide de camp ; M. le lieutenant-colonel et un grand nombre d'officiers du 73e de ligne.

MM. les docteurs Leroy, Lotte, Vouters, Henseval et Boutleux.

MM. Breton frères, de Courrières, De Lannoy, avocat à Arras et un grand nombre de notabilités que nous ne pouvons citer parce que les colonnes de notre journal n'y suffiraient pas.

Nous croyons être au-dessous de la vérité en évaluant à plus de trois mille, le nombre des assistants.

Sur tout le parcours du cortège, les maisons sont ornées du drapeau national en berne, noué d'un crêpe.

Vers midi nous sortons de l'église et le cortège se dirige vers la gare, toujours composé de la même énorme affluence d'assistants. A la gare, la foule se presse respectueusement autour de la bière, et M. Dupuich, maire de Béthune prend la parole et prononce d'une voix émue le discours suivant :

Discours de M. Oscar Dupuich

MAIRE DE BÉTHUNE

Messieurs,

Avant de quitter ce cercueil, permettez-moi d'exprimer la douloureuse et profonde émotion que la ville entière ressentit, à la nouvelle de la mort de M. Edouard Devaux, sénateur du Pas-de-Calais.

C'est en effet un deuil général que la perte d'un tel homme, dont la vie entière a été remplie de dévoûment à ses concitoyens, à son pays, à la République ; de cette intelligence si fine, si délicate, si loyale, que tous nous avons pu admirer, qui imposait le respect à ses adversaires eux-mêmes, et qui toujours s'est prodiguée pour la vérité et le bien, pour le droit et la liberté.

Devaux commence sa carrière au barreau de Saint-Omer, où son talent, son caractère affable et généreux, sa droiture le font bientôt remarquer et lui acquièrent l'estime de tous ses concitoyens.

En 1848, à peine âgé de 29 ans, il est nommé Procureur de la République près le tribunal d'Arras et ensuite Juge d'instruction à Saint-Omer. Mais le coup d'Etat de 1851 survient et ce magistrat intègre, qui n'admet aucune transaction avec la conscience, qui n'a pour culte que la loi et le droit, ne tarde pas à donner sa démission, ne voulant pas prêter serment à celui qui venait d'être parjure, ni rendre la justice au nom d'un homme qui avait violé toutes les lois

Renonçant à une carrière si brillamment ouverte

devant lui, Devaux reprit sa place au barreau de sa
ville natale où, pendant les 18 années qui suivirent,
il combattit le despotisme impérial, défendant les
principes du droit et de la liberté méconnus, pro-
pageant les idées démocratiques et républicaines.

Les épouvantables désastres de 1870 viennent
réveiller le pays de sa trop longue torpeur. L'Em-
pire effondré a précipité notre patrie dans des mal-
heurs inconnus et réservés aux peuples assez
aveugles pour aliéner leur liberté et leurs droits,
Devaux, oublieux de ses intérêts personnels, n'é-
coutant que ses aspirations patriotiques, abandonne
ses affaires. Il court à Lille, près de la délégation
de la Défense nationale, soutenir de sa parole et
de sa plume la politique du grand patriote, n'ayant
plus d'autre pensée, d'autre souci que d'aider à
sauver l'honneur national.

Mais la France épuisée, après des prodiges de
courage qui font oublier la honte des premières
capitulations et auxquels l'histoire impartiale ren-
dra justice, est enfin réduite à subir les conditions
d'un vainqueur trop heureux. Il va falloir désormais travailler au relèvement de la Patrie, à l'éducation morale et civique d'un peuple trop longtemps
abusé. C'est une œuvre grandiose, à laquelle vont
se vouer avec ardeur tous les bons citoyens dans
le pays entier. Devaux se met, dans le Pas-de-
Calais, à la tête de ce mouvement éminemment nationale et démocratique, et bientôt, en 1876, il est
élu député. A la Chambre il continue ses traditions
libérales, nettement républicain, combattant toutes
les tendances réactionnaires et cléricales qui veulent se produire, sachant allier une grande fermeté
d'opinions à une grande modération d'esprit. Aussi

quand une dissolution anticipée du Parlement vint de nouveau tenter d'imposer à la France le pouvoir personnel, il se mit avec enthousiasme dans la phalange des 363, soutenant et dirigeant vaillamment dans notre région cette mémorable campagne de 1877 pour nos libertés publiques et parlementaires.

Le parti républicain du Pas-de-Calais voulut témoigner sa reconnaissance à cet homme de bien et proclamer les services rendus par ce patriote si généreux ; il fut porté à la présidence du Conseil général en 1881 est nommé sénateur en 1882. Ces honneurs successifs étaient bien dus à cette âme si noble, dont les instincts si purs n'avaient d'autre propension que l'amour de ses concitoyens et de sa patrie, d'autre but que la recherche de l'idéal et du vrai.

Aussi, entouré du respect de tous les républicains, de l'estime de ses adversaires, Devaux pouvait regarder avec fierté la carrière qu'il avait parcourue, l'œuvre sociale qu'il avait accomplie. Il était environné d'une nombreuse famille qui le vénérait dans une respectueuse affection. Il voyait son département suivre enfin la voie du progrès républicain et des idées démocratiques qu'il lui avait tracée, affirmant à chaque élection, depuis la sienne en 1876 son attachement tardif mais impérissable à la République.

Mais il est de ces natures d'élite et vertueuses, éprises de tout ce qu'elles croient être le bien et la vérité, toujours infatigables et toujours sur la brèche pour essayer de réaliser un progrès nouveau, instruire ou améliorer par l'exemple ou la parole.

Qui de vous ne se rappelle ces réunions intimes, si recherchées, où son esprit si délicat, toujours ou-

blieux de lui-même pour ne se préoccuper que de
la chose publique ou du progrès social et républicain, excellait à captiver nos cœurs. Il y a deux
mois à peine, il nous faisait encore à Béthune, une
conférence sur les droits et surtout sur les devoirs
du citoyen dans une démocratie.

Ah ! Pouvions-nous supposer alors que cette parole si élégante, cette éloquence si nette, cette intelligence si vive, si vigoureuse encore, tout ce qui
faisait le charme de cette âme si généreuse, si bonne,
si droite, allait bientôt s'anéantir dans ce cercueil.
Ah ! la mort est bien aveugle et bien cruelle de
ravir ainsi le meilleur des meilleurs d'entre nous,
de jeter la douleur et l'épouvante dans une famille
éplorée qui perd l'époux le plus tendre, le père le
plus dévoué, le frère le plus affectueux ! je renonce
à dire l'étendue de votre terrible et irréparable malheur, vous ses enfants chéris, ses parents bien
aimés ; mais s'il est possible de songer à une consolation, recevez ici le suprême hommage, le tribut
de regrets unanimes d'une ville entière assistant à
ses funérailles de tout un département qui conser-
vera ineffaçable, le souvenir de ce bon citoyen, de
cet ardent patriote.

Discours
de M. Mahieu-Sauvage.

ADJOINT AU MAIRE

Messieurs,

Je ne sais si je pourrai surmonter ma légitime
douleur, mais habitué dès l'enfance à porter à
Édouard Devaux une affection toute filiale, je ne

veux pas laisser partir ce cercueil sans lui adresser un dernier adieu.

Depuis quelques années, Edouard Devaux était presque bourgeois de notre cité où le rattachaient tant de liens de famille et d'amitié. Il y venait fréquemment, aussi n'ai-je pas besoin de rappeler les services que cet excellent homme s'est efforcé de rendre dans notre région.

Simple de goût, d'une infatigable bienveillance, il était en même temps rigide et inflexible dans la ligue du devoir ; il l'avait courageusement prouvé il y a trente-deux ans ; et depuis que les libres suffrages de ses concitoyens, faisant violence à sa modestie. l'avaient forcé de jouer un rôle politique militant, il a constamment rempli son mandat avec la plus rare ponctualité. Mais personne ne connaîtra mieux que nous, qu'il honorait de son amitié, nous ses intimes, les trésors d'exquise délicatesse de cette âme d'élite et son courage héroïque à supporter sa longue agonie.

Adieu Edouard Devaux. Adieu au nom de tous tes amis.

Discours de M. Fernand Bar

Messieurs,

Au nom de la Société Républicaine d'Instruction du canton de Béthune, permettez-moi de dire un dernier adieu à M. Devaux et de lui adresser l'hommage des regrets si légitimes et si profonds qu'il nous laisse à tous

Il y a trois mois à peine, M. Devaux venait encore au milieu de nous faire une conférence au profit de notre œuvre, il nous parlait des droits et des de-

voirs des citoyens dans un pays libre. — Cette thèse
était pour lui facile à traiter, car nul mieux que lui
ne connaissait ses devoirs et n'en a aussi sagement
usé, — ses devoirs, vous savez s'il les a remplis,
pour le bien général, pour le service de toute cause
juste, pour le triomphe de tout ce qui était utile à
son pays et à ses concitoyens. — Pendant une heure
et demie, il tint son auditoire sous le charme de sa
parole, les cœurs vibraient sous ses accents si elo-
quents et si persuasifs. Helas ! nous ne nous dou-
tions pas alors que nous l'entendions pour la dernière fois et que cette facilité d'elocution que nous
admirions en lui, devait un mois après sombrer
dans une attaque.

M. Devaux vous a donné la preuve de sa volonté
de protéger toutes les œuvres sages et utiles ; —
vous savez, que lorsque sous les auspices de son
gendre M. Haynaut, notre Société d'Instruction fut
fondée, il n'épargna ni ses peines ni ses démarches
pour en assurer la prospérité ; il savait quel bien
pouvait réaliser une œuvre comme la nôtre dans un
canton aussi important que celui de Bethune, quels
encouragements elle pouvait apporter à tous ceux
qui, désireux d'apprendre ou de s'instruire, ne pou-
vaient sans appui parvenir au but poursuivi.

Cet homme que nous avons tant admiré, pour lequel nous avions un si affectueux respect, nous le
pleurons aujourd'hui ; mais, malgre la mort qui
vient de nous l'enlever si cruellement, M. Devaux
ne sera pas perdu tout entier pour nous ; le souvenir de tout le bien qu'il a fait restera gravé dans
nos cœurs, — en pensant à lui, nous nous rappel-
lerons cette vie toute entière d'abnégation et de dévouement, nous le donnerons comme exemple, nous

l'imiterons le mieux que nous pourrons, et lorsqu'à notre tour la loi immuable nous arrachera à tout ce que nous aimons, nos familles auront aussi la consolation d'entendre dire comme pour lui : c'était un patriote, c'était un honnête homme.

Au nom des membres de notre Société, cher Monsieur Devaux, adieu !

Discours de M. Marmottan

ANCIEN DÉPUTÉ

M. le docteur Marmottan parle ensuite, mais comme son discours est improvisé, nous ne pouvons à notre grand regret, qu'en donner un résumé nécessairement incomplet.

C'est avec une douleur profonde, dit en substance M. Marmottan, que je prends la parole devant ce cercueil. Il y a un an à peine, mon ami Devaux prononçait à Bruay avec son éloquence habituelle l'éloge funèbre de mon frère. Qui eut pensé, à cette époque, qu'à bref délai, je serais appelé à lui rendre un dernier et suprême hommage !

Devaux était, dans toute l'acceptation du mot, un républicain ; il était honnête parmi les plus honnêtes, instruit parmi les plus instruits... devoué et bon plus que tout autre.

Pénétré du véritable esprit de la Révolution française, Devaux était comme tous les hommes profondément convaincus, d'une modération extrême, mais d'une modération, n'excluant nullement la fermeté.

En effet, vous l'avez vu faire partie des 363, et lutter avec énergie pour le triomphe de la République.

Aujourd'hui, l'heure du triomphe est venue et il

nous quitte, au moment où la République est sur le point de porter ses fruits... Plus que tout autre, ô regretté Devaux, tu auras contribué à l'établir,

Ton souvenir vivra parmi nous tu seras toujours pour nous le modèle du bon citoyen, du bon républicain et du bon Français.

Adieu Devaux, adieu !

A SAINT-OMER

A Saint-Omer où devait se faire l'inhumation, une des plus imposantes manifestations que cette ville ait vues, avait été bien vite organisée nous ne dirons point par les amis du défunt, mais par la population tout entière.

A l'arrivée du train qui amenait à la gare le corps de notre regretté concitoyen, étaient réunis sur le quai, M. le sous-préfet de St-Omer ; M. le général de Frescheville. et M. Hélouis son officier d'ordonnance, M. Emile Duméril, maire de la ville, le Conseil municipal, M. Streiff, proviseur du Lycée avec tout le personnel de l'établissement, MM. les membres du barreau, les représentants des diverses Sociétés de la ville, et MM. les directeurs des écoles communales, MM. Bergès et Dujardin, rédacteurs du *Progrès du Nord*, des représentants de la presse départementale et grand nombre d'amis d'Edouard Devaux, qu'il serait trop long de citer, mais qui, ainsi qu'on l'a bien fait remarquer, avaient dans cette réunion effacé toutes les nuances politiques et religieuses qui les distinguent ailleurs, ce qui assurément n'était pas devant le cercueil du plus résolu et du plus déclaré des républicains le moins bel éloge du défunt.

Dans la cour et aux abords de la gare s'était formé un nombreux cortège ainsi composé :

Tambours et clairons ; Fanfare des pompiers ; Société de gymnastique ayant en tête son président M. Brillaud et tous les membres de sa commission avec son drapeau voilé de crêpe ; tous les élèves actuels, un grand nombre des membres de l'Association des anciens élèves, le corps administratif et le corps enseignant du Lycée ; la Société du Sou des écoles laïques ; les Écoles municipales ; la Musique de la ville avec son glorieux drapeau en deuil ; MM. les officiers de la Compagnie des sapeurs-pompiers : M. le maire de Saint-Omer à la tête du Conseil municipal ; les délégués des communes de l'arrondissement.

Puis venait M. Jonnart, conseiller général, ami d'enfance, ami intime du défunt, portant sur un coussin les insignes sénatoriaux, ayant à ses côtés M. Hermant-Bouquillion, conseiller d'arrondissement et M. Faucquette, ancien maire d'Aire.

Le char funèbre orné d'écussons aux

armes de la ville de drapeaux aux couleurs nationales, et de couronnes d'immortelles, était enveloppé d'un immense voile de crêpe.

Le poële de ce grand citoyen, de ce patriote d'élite, était celui dans lequel Edouard Devaux avait mérité d'être enseveli.—C'était un grand drapeau tricolore, le linceuil digne de celui qui avait passé, qui avait consumé sa vie à combattre pour l'auguste emblême de « nos libertés et de nos gloires nationales. » — Les coins en étaient tenus, à droite, par MM. Vel-Durand, préfet du Pas-de-Calais; Cadet, avocat; Ribot, député; à gauche, par MM. Huguet, sénateur; Duhamel, conseiller général; Ringot, adjoint au maire.

La compagnie des Sapeurs-Pompiers formait la haie sur les deux côtés du char.

De magnifiques couronnes, exprimant les regrets que M. Ed. Devaux, laisse derrière lui, étaient portées par des représentants des diverses sociétés de la ville et par des délégués venus aux funérailles.—On a remarqué surtout :

Celle de la ville de St-Omer portée par M. J. Delattre, conseiller municipal, celles des élèves du lycée, de l'Association des anciens élèves du lycée, de la Musique Communale, de la Société du Sou des Ecoles laïques, de la ville d'Aire, de la Société d'instruction de

Lumbres, de la ville de Béthune, de la Société de gymnastique de Saint-Omer, etc., etc.

Le deuil était conduit par MM. Henri, Emile et Ernest Devaux, fils, et les trois gendres ; M. E. Baroux, frère ; MM. Edouard et Léon Pierret, neveux, et les autres parents du défunt, à qui étaient venus se joindre une foule d'amis.

Dans le nombreux cortège qui suivait le char, nous avons remarqué outre les personnes déjà citées, MM. Massiet du Biest et Barne, sénateurs ; les sénateurs du département ; les députés du Pas-de-Calais ; M. le Sous-Préfet de l'arrondissement de Saint-Omer et celui de Béthune ; MM. Bouret, Declémy, Brémart, Boulanger, conseillers généraux ; MM. Cuisinier et Platiau, conseillers d'arrondissement ; M. le maire de Saint-Pierre-les-Calais ; presque tout le tribunal et le barreau de la ville ; M. Dufresne, juge à Hazebrouck ; M. Dambricourt, président du Tribunal de commerce ; M. Porion, président de la Chambre de commerce ; des délégations et les maires et adjoints d'un grand nombre de communes voisines de Saint-Omer.

A quatre heures le cortège se mettait en marche au son du glas de la cloche de St-Bertin et des airs funèbres exécutés successivement par la Fanfare des pompiers et la Musique communale, entrant dans la

ville par la porte de Lyzel, où les remparts
étaient encombrés de monde. — C'était un
coup d'œil à la fois magnifique et triste, et
dans les rues, sur les places, qui formaient
l'itinéraire, rue de l'Arsenal, place du Vin-
quai, rue Ste-Marguerite, rue du Commandant, rue du Poirier, rue St-Bertin, rue du
Lycée, rue Gambetta, rue d'Arras, partout,
une foule compacte, où tous les rangs de la
société, où toutes les opinions étant confon-
dus, stationnait respectueuse, silencieuse et
morne, se découvrant au passage, au dernier passage, de celui qu'on n'avait jamais
vu passer vivant dans nos rues et sur nos
places sans ressentir un profond sentiment
d'estime et de sympathie. — Nous avons vu
des larmes dans bien des yeux. — Nous
avons entendu cette réflexion s'échapper de
bien des bouches : « Quel brave homme on
vient de perdre ! »

Il était plus de cinq heures lorsque le
corps arriva à la porte d'Arras. — Là, les
assistants laissent d'ordinaire les parents et
les amis de la famille accompagner seuls le
corps jusqu'au cimetière. — Dans cette circonstance il en fut autrement. Tout le monde,
ce semble, voulait dire un dernier adieu au
concitoyen regretté sur les bords même de
sa tombe. — On ne pouvait s'en séparer.

A la porte du cimetière, un prêtre, ami
d'Edouard Devaux, reçut le cercueil, qu'il

voulut conduire jusqu'à la tombe bénie
par lui.

Alors furent prononcés au milieu d'un re-
cueillement et d'une émotion impossibles à
décrire, devant toute une population, sous
un ciel sombre, agité par de violentes rafa-
les, à la lueur des torches qui menaçaient
à chaque instant de s'éteindre et jetaient sur
la nécropole audomaroise leurs reflets lu-
gubres, les discours que nous reproduisons
ci-après et qui, on l'a bien dit, sont une
biographie à la fois vraie et édifiante de notre estimable et à jamais regretté concitoyen.

Discours de M. Vel-Durand

PRÉFET DU PAS-DE-CALAIS.

Messieurs,

L'émotion qu'a provoquée dans le departement la nouvelle de la mort de M. Devaux redouble pour nous à l'heure où il faut lui adresser le dernier adieu. Elle me domine en ce moment, et cependant je tiens à joindre mon hommage à ceux que vous venez adresser à sa mémoire.

Ce n'est point seulement, en effet, l'ami de quelques-uns qui disparaît ; ce n'est pas uniquement le representant républicain dont le concours va nous manquer. Nous perdons plus que l'ami ; nous perdons en M. Devaux l'un des meilleurs citoyens.

Vous l'avez tous aimé, l'ayant tous connu ; de ses adversaires politiques, il n'en est pas un qui ne l'ait estimé.

Montesquieu dit que le propre de la République est d'être le gouvernement le plus vertueux.

Par ses rares qualités, par ses rares vertus, M. Devaux devait appartenir à la République. Son esprit droit et juste, ayant pour guide sa conscience, dont rien durant sa vie n'a altéré la pureté, l'entraînait vers la République, à laquelle il resta toujours attaché.

Ses brillantes qualités le désignèrent de bonne heure à la confiance du gouvernement, et en 1848, à peine âgé de 29 ans, il était appelé aux nobles fonctions de magistrat.

Le jour où un nouveau gouvernement voulut lui

imposer un serment contraire à ses convictions politiques, il sentit que sa conscience ne serait plus libre et il abandonna son siège pour reprendre la robe d'avocat. C'est là un exemple, non pas de desintéressement, mais de moralité politique qui suffirait à honorer sa vie tout entière.

Mais que d'autres mérites ne joint-il pas à celui-là ! D'autres vous diront tout à l'heure ce qu'il fut comme avocat, avec quel talent, avec quel éclat il remplit sa noble profession. Combien parmi ceux qui sont venus l'accompagner jusqu'à la tombe pourraient dire le genereux concours qu'ils en ont obtenu !

Vingt ans s'écoulent — la République renaît. — Elle retrouve M. Devaux prêt à la servir. Sur la demande du gouvernement, il accepte en 1870 la sous-préfecture de Saint-Omer. Sans doute, son âge et son mérite lui donnaient des droits à un poste plus élevé. Si modeste cependant que fut ce poste, il l'accepta, étant de ceux qui pensent que le mérite et l'honneur de servir leur pays sont les mêmes à tous les rangs de la hiérarchie.

Toutefois il fut bientôt appelé à un rôle plus pénible. De Saint-Omer il alla à Lille, où pendant la triste periode de nos revers, il prit la plume et dépensa à encourager ceux qui combattaient pour l'honneur du drapeau français et l'intégrité du sol national tout ce que son ardent amour de la Patrie lui suggera de genereuses pensées et d'appels éloquents.

Ses concitoyens ne tardèrent pas à le récompenser de tant de devouement. Dès 1871, ils l'envoyaient sieger au Conseil général. Il est resté onze ans dans cette assemblée, et durant tout ce temps, son dévouement aux intérêts du département ne s'est jamais ralenti. Il n'est pas une des œuvres utiles de cette assemblée à laquelle il n'ait été intimement associé ; pas un progrès réalisé auquel son nom ne soit attaché. Sa préoccupation constante était le bien de tous. Il était un des membres les plus estimés et les plus respectés de l'assemblée départementale, et y avait les sympathies de tous. Pour l'administration, M. Devaux était un conseiller discret et sûr, dont elle était heureuse d'avoir l'approbation, car il représentait au mieux cette opinion progressive, prudente et ferme à la fois, qui est celle du département.

Plus tard enfin, M. Devaux fut appelé successivement à la Chambre des députés et enfin au Sénat. Ses collègues vous diront ce qu'il fut au sein de ces assemblées. Qu'il me soit permis de constater seulement que là encore la démocratie trouva en lui un de ses plus fidèles serviteurs et la République un de ses soldats les plus dévoués.

Aussi, Messieurs, c'est au nom de cette démocratie à laquelle il a voué sa vie tout entière ; au nom de l'administration pour qui il était un ami précieux, au nom de la République qu'il a si passionnément aimée et qu'il a servie modestement — mais vaillamment, que j'adresse à M. Devaux un dernier salut.

Discours de M. Huguet

SÉNATEUR, MAIRE DE BOULOGNE.

Messieurs,

C'est un triste privilège de l'amitié de conduire à leur dernière demeure ceux que l'on a connus et que l'on a aimés, lorsqu'il s'agit surtout d'un homme supérieur qui laisse un nom grandi par les évènements auxquels il a pris part et qui rappelle, à ceux qui l'ont approché, l'image vivante d'un passé dont le souvenir lointain semble effacé.

Nous ne pouvons nous défendre d'une émotion profonde en songeant à l'homme de bien que la mort nous ravit ; son existence peut se résumer en ces mots : travail, honneur et dévouement.

Louis-Edouard Devaux naquit à Saint-Omer, le 23 novembre 1819. Dès sa jeunesse et toute sa vie, il fut un travailleur infatigable. Plein d'activité et d'énergie, il s'adonna avec ardeur à la profession d'avocat qu'il avait embrassée, en 1840 ; il l'affectionnait et il s'y distingua. Sa science juridique, son grand esprit des affaires et la rectitude de son jugement le placèrent bientôt à la tête du barreau de Saint-Omer. Son honorabilité professionnelle était proverbiale.

De l'homme privé, chacun a connu les vertus.

Doux, affable, obligeant, Edouard Devaux avait le don de la sympathie et cette vertu bien rare : la bienveillance. Il n'est aucun de vous, Messieurs, qui n'ait eu à se louer de son accueil et de la chaleur qu'il mettait à rendre service. D'une modestie excessive, fuyant les honneurs et les distinctions, il n'avait qu'un but : obliger. Aussi, combien il était populaire, aimé, respecté et honoré de tous !

A cette heure dernière, alors que la tombe va se fermer sur notre ami, tous, ici, nous nous rappelons les services qu'il a rendus. Chez lui, les qualités du cœur égalaient les facultés de l'intelligence. Il était d'un dévouement sans réserve, compatissant

pour toutes les souffrances, généreux à l'excès
envers les déshérités de la fortune.

De l'homme politique, que dirons-nous ?

Il avait pour son pays un culte enthousiaste et
profond. Il s'éteint alors que l'avenir s'ouvre sou-
riant devant ses amis politiques et que se réalisent
les constantes aspirations de sa vie. En toute occa-
sion, il s'est montré l'un des plus sincères et des
plus fermes champions de la République : lutteur
opiniâtre, il a été le défenseur éloquent et convaincu des saines traditions de la Révolution française. Il vous souvient de la part active qu'il prit,
dès avant 1848, à la campagne des banquets.
Nommé procureur de la République, à Arras, après
la révolution de Février, puis juge d'instruction, à
Saint-Omer, sur les très vives instances qui furent
faites, auprès de lui, pour l'engager à accepter ces
fonctions, il démissionne, au 2 Décembre, donnant
l'exemple du bon citoyen qui préfère rentrer dans
la vie privée plutôt que de prêter serment à un
gouvernement que sa conscience lui défendait de
servir. Pour lui, il y avait incompatibilité entre la
liberté et l'homme de Décembre. Aussi, l'avons-
nous vu, en toutes circonstances, combattre par la
plume et par la parole un régime qu'il abhorrait.

Nommé Sous-Préfet de Saint-Omer, au 4 Sep-
tembre, il donna sa démission pour se présenter à
la députation : avec nos amis politiques, il fut
battu aux élections législatives de février 1871.
Nous le voyons réussir en 1876 et, en 1877, rentrer dans la lutte. Il eut l'honneur d'être un des
363 et de voir sa candidature triompher de nouveau. Il fut alors le seul Républicain élu dans le
département. En 1881, il l'emporta encore. A l'ou-

verture de la session du Conseil général de cette
même année, l'estime et la confiance de ses collègues l'appelèrent à la présidence de l'Assemblée
départementale. L'année suivante, les électeurs
sénatoriaux le portèrent sur la liste républicaine :
On sait le succès des candidats républicains !

Belle et utile existence que la sienne !

Nous devons lui rendre cette justice qu'il a servi
avec une fidélité inébranlable le parti auquel il
appartenait et qu'il a suivi, avec la rectitude inflexible la voie qu'il s'était tracée. Il a lutté, tra-
vaillé avec nous, à notre tête, avec une énergie
persévérante. Si, aujourd'hui, le parti républicain
jouit d'une sérieuse et tranquille confiance, s'il
gouverne et tient en mains les destinées du pays,
c'est aux hommes de son énergie et de son caractère qu'il le doit.

Devaux eut le sort de beaucoup de nos amis, il
fut en but aux vexations, aux tracasseries, aux
violences. Les injustes attaques ne le découragè-
rent point. Pour lui, les fonctions électives signi-
fiaient : dévouement absolu à la chose publique,
aide et protection aux plus humbles, aux plus
faibles et il s'est acquitté du mandat qui lui a été
confié avec une loyauté, une abnégation, un dévouement complet.

Ne se ménageant pas, se donnant tout à ses
fonctions politiques, Devaux s'y absorbait. Elles
étaient la passion exclusive et dominante de ce
vaillant cœur, de cet ardent patriote. Son ardeur
ne connaissait ni trève, ni repos, il ne reculait
devant aucune fatigue dès qu'il s'agissait d'être
utile. Sa santé affaiblie, à la suite de la grave maladie, qui avait mis ses jours en danger, il y a

deux ans, ne put attiédir son zèle, ni arrêter son labeur. Il est mort sans rien diminuer de son dévouement : le dévouement était pour lui le devoir. C'est pour ne point avoir ménagé ses jours et pris les précautions qu'exigeait sa santé, qu'il a été terrassé, que la mort nous l'a enlevé à l'âge de 64 ans.

Celui qui a été votre concitoyen, Messieurs, l'honneur du barreau de Saint-Omer, votre représentant au Conseil général, à la Chambre des députés et au Sénat, qui en a rempli si dignement les fonctions, donnait à la politique tout son temps, tout lui-même. Pendant plus de 40 années, il a mis au service de son pays et de ses convictions, son intelligence, son activité, son énergie. A la bonté du cœur, il joignait la droiture de l'esprit, la délicatesse des sentiments, un ardent amour pour la justice et le bien de ses semblables.

Ses concitoyens conserveront le souvenir de ses précieuses qualités et de ses vertus.

Que sa famille recueille, dans la manifestation spontanée de la population émue et empressée à ses funérailles, à Béthune, réunie de nouveau, ce soir, autour de son cercueil, les témoignages de sympathie, de profonds et d'amers regrets, que ressentent ses collègues et ses amis de la perte qu'ils viennent de faire. Ils s'unissent de cœur à sa veuve désolée et aux membres de la famille d'Edouard Devaux si cruellement frappés dans leurs plus chères affections.

Sa mort est pour tous un deuil, comme son existence si pure, si honnète, si désintéressée, restera un noble et fortifiant exemple.

Discours de M. Ribot

DÉPUTÉ DU PAS-DE-CALAIS.

Messieurs,

Je viens, au nom des députés républicains du Pas-de-Calais, rendre un dernier hommage à l'homme de bien, au citoyen ferme et intègre que nous avons perdu.

Devaux était entré à la Chambre des députés, aux élections générales de 1876. Il n'avait pas brigué le mandat legislatif ; par un elan spontané, les électeurs de l'arrondissement de Saint-Omer lui avaient offert l'honneur de les représenter, voulant lui donner ainsi, non seulement un témoignage de leur confiance dans sa probité, dans son independance, mais comme une récompense civique, à l'unité de sa vie et à l'admirable purete de son caractère.

L'homme que ses concitoyens forçaient, pour ainsi dire, d'entrer dans la vie publique à l'âge de 58 ans, avait jusque-là mené l'existence la plus simple et la plus modeste. Tout entier absorbé dans les travaux d'une noble profession, exercée avec le plus rare désintéressement, il aimait la vie cachée comme d'autres recherchent le bruit et l'éclat extérieur. L'estime dont il se sentait entouré, l'affection de sa famille et de ses amis, la conscience du bien qu'il faisait autour de lui, suffisaient à son ambition. Il n'était sorti qu'une fois, en 1848, de cette obscurite volontaire pour occuper un siège dans la magistrature ; il y était rentré en 1851 avec une simplicité et une fermeté toutes républicaines.

Sous ces dehors tranquilles, sous l'apparente monotonie de cette existence, sans incident, il était

aisé de découvrir les ardeurs d'une passion contenue, mais vivante. le culte d'un idéal, auquel
il s'était attaché dès sa jeunesse et auquel il s'était
promis de rester invariablement fidèle. Avec un
jugement droit, un esprit pratique, un sens exact
des affaires, Devaux était, par cetains côtés, un enthousiaste et un croyant. Il avait l'enthousiasme de
la justice et de la liberté. Son âme s'était échauffée
aux rayons de cette œuvre qui a illuminé le monde
en 1789. Il croyait à la Révolution française, à
l'œuvre de libération qu'elle a accomplie, à l'égalité
dont elle a jeté les fondements, à la fraternité que,
dans son premier essor, elle avait promis de faire
régner sur la terre. Il est resté toute sa vie fidèle
à cette religion. Je me souviens avec quel accent
vivant, il y a deux ans, sur la tombe d'un de nos
amis, il parlait des hommes de 1789, de leur confiance dans le progrès, de leur foi invincible dans
la justice et dans la vérité. Par son esprit, par le
fond de sa nature morale, Devaux appartenait, à
cette génération d'hommes généreux qui, malgré
tant d'échecs et en dépit de leurs propres erreurs,
n'ont jamais douté du triomphe définitif de la raison
sur les préjugés.

L'honneur que vous lui fîtes en l'appelant à vous
représenter, Devaux l'apprécia comme il le devait.
Si éloigné qu'il soit de toute ambition, un homme
de cœur n'est pas insensible à ces jugements de
l'opinion. Ce sont les plus modestes, les plus amoureux du silence qui parfois éprouvent le plus vivement les joies et souffrent le plus cruellement des
retours passagers et inévitables de la popularité.
Rien ne fut changé dans l'allure de sa vie ou dans
ses habitudes ; il resta l'homme bon, accessible,

.facile à tous que nous avons connu. Il prit sa tâche au sérieux, en remplissant exactement tous les devoirs, ne manquant pas à une seule de nos séances, suivant les discussions avec une attention que rien ne pouvait lasser, faisant, comme il disait lui-même, l'office d'un juge qui ne se décide point par la passion, mais par ce qu'il croit être le bien du pays. Ce rôle de juge qu'il préférait à tous l'empêcha de se mêler aux débats de la Chambre aussi activement que nous l'aurions tous désiré : il voyait trop les raisons de douter, il avait trop de scrupules pour vouloir se jeter en avant, sans y être forcé. S'il eût abordé plus souvent la tribune, il eut été un orateur pénétrant et chaleureux ; il aurait traité les affaires avec compétence et autorité.

Bien qu'il n'ait pas donné la mesure complète de ce qu'il valait, par l'esprit et par le talent oratoire, le jour où, cedant aux conseils de quelques amis politiques qui croyaient que son nom était nécessaire pour assurer la victoire aux républicains dans les élections sénatoriales, Devaux quitta la Chambre des députés, il emporta l'estime et l'affection de tous ses collègues. Je puis attester que sa mort a causé, sur tous les bancs de la Chambre, une impression générale de regret et de sympathie.

Le souvenir de Devaux restera parmi nous. Il a été dans ce département, si longtemps résistant aux idées républicaines, un des fondateurs de la République. Il l'a eté non-seulement par la fermeté de ses convictions, par l'intrépidité et la constance dans la lutte, mais aussi par cet esprit de concorde et de conciliation envers les personnes qui inspirait toute sa conduite.

C'est par cette douceur, cette simplicité, cette absence de tout fiel, de toute colère même envers ses adversaires, qu'il attirait à la République les hésitants et les indifférents. Si la République a pu s'établir parmi nous, c'est parce qu'elle a trouvé pour la représenter, aux yeux des populations, des hommes comme Devaux qu'on savait incapables de transiger avec leurs convictions, mais aussi incapables de toute violence. étrangers aux coteries, à l'esprit dè secte, à toutes les petites passions qui obscurcissent trop souvent la vue de l'homme politique. Devaux voulait que la République accomplît tout son programme ; il ne reculait devant aucune réforme ; mais il savait qu'il faut compter avec le temps, qu'il faut surtout ne pas diviser, mais rapprocher, dissiper les malentendus et accueillir toutes les bonnes volontes. C'est ainsi qu'il a contribué à fonder la République.

Pour la maintenir, pour l'étendre, le même esprit, la même largeur de vue, ne sont pas moins nécessaires. Sachons donc nous inspirer de l'exemple de Devaux, sachons demeurer fidèles à la leçon qui se dégage de toute sa vie. Aux générations qui s'élèvent, qui se pressent impatientes, offrons ce modèle de solidité, de désintéressement, d'abnégation patriotique. Puissions-nous tous elever notre idéal, oublier nos divisions, nous montrer dignes des enseignements que Devaux, nous a donnés ! Adieu, cher et respecté collègue, adieu, au nom de tous les républicains du Pas-de-Calais !

Discours de M. Duhamel

CONSEILLER GÉNÉRAL DU PAS-DE-CALAIS.

Vous voici, mon cher Devaux, arrivé à la dernière étape.

Pour la première fois, vous êtes indifférent aux bruits, aux agitations, aux passions de ce monde. Votre cœur si bon, si généreux, votre âme si dévouée sont plongés dans le repos éternel ; vous n'entendez pas nos regrets, vous ne voyez pas les pleurs de vos amis.

La mort, cet inconnu, cruelle et impitoyable dans son œuvre, ne se demande pas qui elle frappe et si celui qu'elle atteint n'a pas encore de graves devoirs à remplir ici-bas.

Impassible et froide, elle accomplit son œuvre sans s'inquiéter de nos désirs, de nos larmes, de nos douleurs.

Elle vous a saisi dans la force de l'âge, à l'heure où vous pouviez légitimement espérer jouir longtemps de l'affection des vôtres, de celle de vos amis, de l'estime de vos concitoyens et où vous auriez pu, à l'abri des institutions politiques qui nous régissent et à l'établissement desquelles vous avez apporté votre part de travail, vous reposer des luttes passées. Que de souvenirs rappellent à mon esprit ces funèbres adieux ! et pourquoi ne les rappellerais je pas, puisque nous allons nous quitter à jamais.

J'entends encore nos vieux parents, quand j'étais enfant, vous citer comme un exemple de l'honorabilité professionnelle et nul de ceux qui m'entourent n'ignore en effet quels scrupules vous apportiez dans la défense des intérêts qui vous étaient confiés, quelle mesure contenait votre langage, quel désintéressement et quel dévoucment vous montriez pour tous.

Cette profession d'avocat, vous l'avez remplie avec tant d'honneur et de dignité que tous ceux qui portent une robe ont le devoir de vous prendre pour exemple.

Ce n'était pas seulement dans les affaires civiles et criminelles que vous vous distinguiez tout à la fois par votre savoir.et l'élégance de votre parole.

Vous aviez puisé dans vos études du droit et dans celles des lettres des sentiments de haute philosophie, un amour profond de l'humanité, un culte qui ne s'est jamais démenti pour la liberté.

Tout ce qui touche à la dignité humaine, tout ce qui peut développer l'intelligence, tout ce qui pouvait augmenter le bien-être moral et physique de vos concitoyens, tout cela trouvait en vous un chaud et zélé partisan.

Avec de pareils sentiments vous ne pouviez rester étranger aux luttes politiques de votre temps.

Vous vous étiez trop empreint des devoirs d'un bon citoyen pour rester indifférent aux affaires publiques.

Dès votre entrée dans la vie, mis en rapport avec un homme, modèle comme vous d'honnêteté et de dévouement, dont nous pleurons encore la mort, vous avez de suite compris vos devoirs et vous avez pris fièrement en main dans ce pays le drapeau des revendications politiques.

Vous saviez en effet que l'ignorance fait ou laisse faire les plus grands maux, tandis que l'homme éclairé, tremble encore lorsqu'il fait les plus grands biens, ainsi que l'a dit un puissant esprit.

Aussi avez-vous réclamé l'extension de l'instruction à tous les degrés.

Vous saviez que tout homme a droit à sa part de suffrage, à sa part de liberté !

Aussi avez-vous bien vite compris combien avait raison ceux qui à cette époque réclamaient déjà le suffrage universel, la liberté de penser, la liberté de la presse, toutes choses écrites aujourd'hui dans nos lois.

Avec de telles idées, avec de tels sentiments joints à vos qualités de l'esprit et du cœur, vous avez été vite aime et apprécié de vos concitoyens.

Vous acquerriez en outre l'affection des hommes qui dans les dernières années de Louis-Philippe venaient apporter, à la barre de la Cour d'assises de cette ville, le soutien de leur parole à ceux qui demandaient par la plume et avec une rare énergie alors, le développement de nos libertés publiques.

Ces luttes doivent être encore presentes à la mémoire de nos anciens, et chacun, dans ce pays doit savoir comment, sans souci de vos intérêts, vous avez toujours été le defenseur du droit et des opprimés.

Bien avant la naissance de la plupart d'entre nous vous étiez républicain, personne n'a mieux compris que vous les obligations imposées à ceux qui veulent mériter ce titre, nul mieux que vous n'a su plaider en faveur de la liberté d'écrire qui est intimement liee à la liberté de penser, car si la pensée est l'attribut le plus remarquable de l'homme, la communication de cette pensée est à coup sûr son droit le plus précieux.

La mort du moins, tout en accomplissant son œuvre, vous a donné la suprême consolation de mourir sous la forme de gouvernement pour laquelle vous avez toujours combattu.

Un jour, il y a longtemps de cela, nous étions presque tous encore au lycée, vous avez pu croire votre rêve réalisé.

Louis-Philippe par sa résistance opiniâtre à de modestes revendications avait été renversé.

La République etait proclamee.

Quelques jours après vous étiez nommé procureur de la République à Arras, puis juge à St-Omer.

Dans ces deux fonctions votre caractère ne se démentit pas.

Puis lorsque survint le coup d'Etat du 2 décembre 1851, ne voulant pas vous solidariser avec le prince qui violait ainsi la souveraineté nationale, vous n'hésitâtes pas avec autant de simplicité que de fermeté à adresser votre démission motivée et à reprendre votre place au barreau.

Vous voilà, mon cher Devaux tel que j'ai entendu parler de vous dans mon enfance, tel que je vous ai connu dans mon adolescence et tel vous étiez quand je devins votre ami.

Depuis ce jour néfaste, vous avez repris avec votre sérénité d'âme, avec la même energie de conviction qu'autrefois la vaillante lutte du faible contre le fort et quand après de longs jours d'assoupissement, la France écrasée sous les pieds d'un ennemi vainqueur se réveilla au désastre de Sedan, on vous retrouva l'un des premiers pour apporter votre concours au grand patriote mort aussi avant d'avoir accompli son œuvre.

Ce furent là de longs jours de deuil ! Combien vous en avez souffert et que de fois dans nos entretiens intimes ne nous sommes nous pas dits que la

patrie avait chèrement acheté sa liberté par la perte
de nos provinces et la mort de tout de ses nobles
enfants.

Mais les âmes fortement trempées ne se laissent
pas longtemps aller au découragement.

Du reste l'heure etait solennelle et la France avait
besoin de tous les dévouements.

Ce n'est pas en vain qu'on fit appel à votre pa-
triotisme et au lendemain de la defaite, en face de
l'ennemi, vous n'hésitez pas à vous présenter avec
Lenglet au suffrage de vos concitoyens pour aller
débattre les conditions de notre rançon, celles de
la paix et réorganiser les forces du pays.

Ce fut en vain, nos contrées n'avaient pas compris encore, effrayées qu'elles étaient par les derniers événements trompées par les déclarations de
nos adversaires, que vous vouliez les doter d'institutions telles que le retour de semblables désastres
fut impossible.

Nos adversaires triomphèrent !

Cinq ans après la lumière était faite et vous en-
triez à la Chambre des députés.

Puis en 1877 vous deveniez notre collègue au
Conseil général et ne tardiez pas à en être nommé
le président.

Ce fut une grande joie pour vos collègues et nous
avons su apprécier la distinction et la bienveillance
avec laquelle vous dirigiez nos débats.

Ce fut là mon cher Devaux la juste récompense
de vos travaux, de vos convictions jamais démen-
ties, de votre honnêteté, de votre désinteressement.

Il n'en est pas un de nous qui venons vous rendre
un dernier et douloureux hommage qui n'ait ap-
plaudi de tout son cœur à votre succès.

Chacun savait en effet en quelles mains fidèles notre mandat était déposé.

Si la modestie de votre caractère ne vous a pas permis de prendre part aux luttes de la tribune, votre talent vous en donnait cependant le droit car il y a quelques mois à peine tous applaudissaient les discours que vous prononciez en faveur d'œuvres démocratiques.

Malgré cela, nos intérêts n'en étaient pas moins bien défendus ; au sein de votre bureau et des commissions vous ne négligiez pas d'y apporter le poids de votre expérience et de votre savoir.

Travailleur infatigable, dévoué à l'excès, accessible à tous, j'ai le droit de dire que vous étiez digne d'être le mandataire de ce pays, et que personne n'a plus scrupuleusement rempli son devoir.

Enfin en 1882 vous avez désiré couronner votre carrière par un dernier succès, le département vous ouvrit les portes du Sénat.

Ce fut le seul chagrin que vous nous ayez causé, mon ami, mais il vous fut bien vite pardonné, puisque nous vous retrouvions ce que vous avez toujours été, fidèle à tous vos principes, et qu'à une âme comme la vôtre, à une existence aussi bien remplie, on ne pouvait offrir que l'affection et le respect.

Si Montesquieu vous avait connu mon cher Devaux, c'est de vous qu'il eut dit en parlant d'un homme de bien :

« Si je pouvais faire en sorte que tout le monde
» eut de nouvelles raisons pour aimer ses devoirs,
» sa patrie, ses lois, qu'on put mieux sentir son
» bonheur dans chaque pays et dans chaque gou-
» vernement, dans chaque poste où l'on se trouve,

« je me croirais le plus heureux des mortels. »

Oui mon cher Devaux, vous avez été non seulement un vaillant lutteur, un homme de talent, un fidèle patriote, vous avez été un homme du devoir, un homme de bien !

Vous avez, par votre exemple, jeté dans nos cœurs outre le culte de la liberté, le désir de la vertu, le sentiment de la dignité, le respect de la loi, celui du droit et l'amour du travail.

Vous nous avez fortifié contre les tentations de la vanité et de la fausse ambition.

Après tant d'efforts, de vaillants combats, pourquoi le sort plus clément ne vous a-t-il pas accordé quelques années encore !

Pourquoi vous avoir arraché sitôt à la reconnaissance de vos concitoyens, à celle de vos amis, à l'affection de votre femme, de vos enfants ?

Hélas ! il nous faut subir les caprices du sort et nous incliner devant les lois de la nature !

Si dorénavant nous ne jouissons plus de votre intelligence, de votre bonté, de vos conseils, nous n'oublierons pas vos exemples, ce sera la meilleure de vos récompenses ; si la terre peut reprendre votre corps, l'oubli du moins ne prendra pas votre nom.

Adieu donc, mon cher Devaux, adieu au nom de vos collegues du Conseil général, adieu au nom de vos amis, de nous tous qui vous aimions tant !

Adieu Devaux ! je n'ose dire au revoir, car nulle intelligence humaine n'a pu percer le secret de la mort, mais si comme beaucoup le pensent et le croient, il est de par l'espace des mondes supérieurs où se rassemblent ceux, qui chacun dans leur sphère, ont fait le bien, vous y êtes en ce moment et pouvez voir notre douleur.

Si au contraire avec votre corps qui va devenir poussière tout est fini, reposez en paix, mon ami, vous avez dignement accompli votre tache.

Adieu Devaux !

Discours de M. Marion

BATONNIER DES AVOCATS DU BARREAU DE SAINT-OMER.

Messieurs,

Quand la mort vient frapper un de nos anciens confrères, notre Ordre est en deuil, et nous devons à celui qui n'est plus, avec le tribut de nos regrets, celui de notre confraternel souvenir.

Le temps a pu marcher, l'avocat a pu quitter la barre depuis de longues années, il a pu déserter nos luttes pacifiques pour se livrer aux hasards et aux responsabilités de la vie publique, il est une chose qui demeure et survît à tout, je veux dire ce lien mystérieux que la confraternité fait naître entre les membres d'un même ordre, et que le temps, loin d'affaiblir, ne fait que fortifier encore.

C'est à ce titre qu'Edouard Devaux nous appartient.

Il naquit à Saint-Omer en 1819 ; après avoir terminé brillamment ses études au collège de cette ville, il fit son droit à Paris, et c'est à partir du mois de novembre 1840 qu'il fut inscrit sur le tableau de l'ordre des avocats de Saint-Omer.

Quatre ans s'étaient à peine écoulés depuis son inscription, lorsque les évènements de 1848 l'appelèrent aux fonctions de Procureur de la République à Arras, et, peu après, à celle de juge d'instruction à St-Omer.—Il ne devait pourtant pas rester longtemps éloigné de ses anciens confrères, auxquels il revint, trois ans plus tard et après avoir donné sa démission de magistrat en 1851, demander une nouvelle hospitalité qu'il était d'autant plus sûr de trouver dans leurs rangs, qu'il y avait déjà laissé de profonds et unanimes regrets.

Dès lors, il se consacra sans réserve aux travaux de sa profession, et pendant une période de seize ans, de 1851 à 1867, Edouard Devaux appartint au barreau de notre ville.

Trop jeune pour avoir pu applaudir moi-même à ses succès, je suis heureux que les hasards de la carrière m'imposent aujourd'hui le devoir de me faire l'interprète ee mes confrères et de rendre à sa mémoire l'hommage qui lui est dû. Il me suffira de faire appel au souvenir de mes anciens, qui furent ses contemporains et ses amis, pour dire ici ce que fut l'avocat Devaux.

D'un esprit prompt, d'une science juridique profonde, il ne tarda pas à conquérir, autant par son talent d'audience que par la sûreté de ses avis, le premier rang parmi ses confrères. On se rappelle au Palais la part active qu'il ne cessa de prendre aux débats, tant civils que criminels, et les échos de nos salles d'audience redisent encore ces élans d'une parole chaude et entraînante qu'il savait mettre au service des causes qui lui étaient confiées.

Devaux ne fut pas seulement un jurisconsulte accompli, un avocat instruit et brillant, il fut aussi et surtout un bon et excellent confrère. D'une nature droite, il n'eut jamais avec les membres du barreau que des rapports d'une sûreté parfaite ; esclave de nos traditions professionnelles, il voulut toujours qu'on les respectât, et l'on peut dire qu'il sût allier, à l'aménité naturelle de son caractère, la dignité inhérente à sa profession. Ne soyons donc pas surpris que, durant sa carrière, les suffrages de ses confrères lui aient conféré cinq fois les honneurs du Bâtonnat.

Nous connaitrions imparfaitement l'avocat Devaux si nous ne redisions ce qu'il fût dans ses relations extérieures, et comment il entendait l'exercice de sa profession dans ce contact journalier de l'avocat et de ses clients. Ici, le souvenir personnel de ceux qui l'ont connu a devancé ma parole et tous sont prêts à redire ces deux mots qui se passent de tout commentaire :

Devaux fut l'avocat *loyal* et *désintéressé* par excellence ?

Cette loyauté et ce désintéressement, il les considéra à juste titre, comme les auxiliaires nécessaires de ses travaux de chaque jour, et nous pouvons ajouter que bien souvent, il la poussa jusqu'à l'abnégation et le sacrifice.

Il n'en fallait pas tant pour que son nom devint populaire dans sa propre ville, et celui qui pendant 27 ans y avait noblement exercé la profession d'avocat, crut devoir se dépouiller de cette robe qui pourtant lui était chère, afin d'entrer dans la vie publique, car il devait pour toujours se tenir éloigné de la barre.

Aujourd'hui, et en face de sa tombe, qu'il me soit permis, au nom du barreau de St-Omer où Edouard Devaux comptait encore d'anciens amis, de lui adresser notre confraternel et dernier adieu, et d'offrir à sa famille, dont la douleur est partagée de tous, le tribut de notre douloureuse sympathie.

Discours de M. Ern. Fleury

VICE-PRÉSIDENT DE L'ASSOCIATION DES ANCIENS ÉLÈVES
DU LYCÉE.

Messieurs,

Je viens au nom de l'Association des anciens Élèves du Lycée de Saint-Omer joindre un suprême tribut d'hommage et de regrets à tous ceux qui ont été déposés sur la tombe de M. le sénateur Ed. Devaux. — Nous étions heureux de le voir à notre tête. — Il honorait notre société, qui le vénérait et le chérissait. — Comme nous il avait puisé ses idées et ses principes à la source vive et pure des doctrines universitaires. — Comme nous il était attaché de cœur à notre cher Lycée de Saint-Omer, notre seconde famille, et le Lycée de Saint-Omer voyait en lui avec une juste fierté un des sujets les plus distingués qui soient sortis de ses classes. — Édouard Devaux n'est plus, hélas ! une maladie qui ne pardonne pas, résultant d'un travail excessif, d'un dévouement qui ne connait pas de bornes, nous l'a enlevé prématurément. — Nous le pleurons tous comme il méritait d'être pleuré, comme le pleure sa famille si cruellement frappée. — Mais une pensée nous console, c'est qu'il est mort estimé et regretté de tous, même de ses adversaires politiques, comme le prouvent les manifestations touchantes de sympathie dont il vient d'être l'objet de la part de la population entière de notre ville. — Parmi toutes ces sympathies, les moins vives, vénéré président, cher camarade, ne sont pas celles de tes anciens condisciples de l'Association des anciens Élèves du Lycée de Saint-Omer.

Ami, repose en paix ! adieu !

Discours de M. de Lauwereyns

PRÉSIDENT DE LA SOCIÉTÉ DU SOU DES ÉCOLES LAÏQUES
DE SAINT-OMER.

Messieurs,

Je viens au nom de la Société du Sou des Écoles laïques que j'ai l'honneur de représenter et en mon propre nom, rendre à mon tour à M. le sénateur Devaux un dernier hommage.

Mais après tant et de si éloquentes paroles, que pourrais-je dire encore pour la louange du vénéré sénateur que pleurent en ce moment toute une ville, tout un département, toute la France républicaine ? Aussi bien une seule louange d'Edouard Devaux peut-être complète, c'est l'histoire de sa vie. Elle sera écrite, il faut l'espérer, cette édifiante histoire. Que dis-je ? elle est déjà faite. Il ne reste plus qu'à en recueillir les pages émues, brillantes, qui viennent d'être déroulées devant vous ; et certes ce sera la plus belle des histoires, car ce sera celle du meilleur homme, du meilleur citoyen, du meilleur français.

Et, après toutes ces expressions de regret, si vraies, si fortes, qui remuent profondément nos cœurs, en quels termes nouveaux, Messieurs, pourrais-je dire la grande douleur que nous ressentons avec vous et comme vous ?

Il est pourtant, cher et incomparable ami, un regret que je ne puis m'empêcher de faire entendre sur ta tombe... Ah ! nous avons, je crains bien, contribué un peu tous à t'arracher si brusquement, si prématurément, à tes amis, à ta famille justement désolée, à la France qui était pour toi une seconde famille. Nous aurions dû modérer ton ardeur à nous obliger ; nous aurions dû te cacher plus soigneusement le besoin que nous avions parfois de ton dévouement, acquis, nous le savions, à tous les intérêts recommandables, à toutes les legitimes aspirations. Nous avons usé et abusé de toi, homme généreux, qui croyais toujours n'avoir rien fait tant qu'il restait du bien à faire. Pour nous et par nous tu as été martyr plus que du devoir, tu as été martyr du bienfait, et nous n'avons pas seulement à te remercier, nous avons à te demander pardon.

Il est encore un regret, cher et dévoué confrère, que je ne puis taire davantage : c'est celui de la Société populaire d'Instruction qui était fière et heureuse de te compter parmi ses membres d'honneur. Sa devise, c'était la tienne : « Par l'école pour la Patrie. » C'est de tes principes, c'est de tes sentiments qu'elle s'est inspirée, lorsqu'elle a voulu voir dans l'éducation des enfants une préparation à la vie publique, devenue désormais la vie de tous les Français. Tu l'aurais sagement conseillée, tu l'aurais utilement guidée dans la voie où elle vient de s'engager en suivant ta trace. Hélas ! elle n'aura pas ce précieux avantage, ce bonheur !... Au moins il lui reste le souvenir impérissable, le magnifique exemple de tes vertus ; et, si tu ne peux être son guide, tu lui seras le modèle le plus parfait à proposer aux maîtres et aux élèves qu'elle a pris à tâche de seconder dans leurs efforts pour assurer à la Patrie des citoyens et des Français faits à ton image.

Quant à toi, tu reposeras en paix au sein de Dieu, homme de bien, car ta vie a été un généreux labeur, un admirable dévouement, un héroïque sacrifice.

Discours de M. Ringot

ADJOINT AU MAIRE DE LA VILLE DE SAINT-OMER.

Messieurs,

Après les brillants orateurs que vous venez d'entendre et qui, tous, avec l'accent d'une profonde conviction, ont adressé à notre regretté défunt les éloges qui lui étaient si légitimement dus, je ne devrais pas penser à prendre la parole dans cette douloureuse circonstance ; — mais une voix me dit que je ne puis, soit comme ami, soit comme membre de l'administration municipale que je représente ici, laisser refermer cette fosse sans adresser aux restes glacés qu'elle va contenir, un dernier et suprème adieu.

Je n'ai pas eu comme beaucoup d'entre vous, messieurs, qui êtes ses contemporains, le bonheur de connaître Edouard Devaux lors de ses débuts comme avocat ; — A mon arrivée en cette ville, il y a de cela 24 ans, il avait déjà donné la mesure de son talent et s'était placé au premier rang du barreau.

Les éminentes qualités dont la nature l'avait doué n'ont fait que se développer avec l'âge, et ceux qui ont été à même de le connaître et de l'apprécier peuvent affirmer qu'il était le meilleur d'entre les meilleurs par la droiture de son caractère, la délicatesse de ses sentiments et la fermeté de ses principes.

Avec quelle inépuisable bonté il nous accueillait, nous autres, alors modestes clercs d'avoué, j'en appelle à mes collègues d'autrefois. Avec quel généreux abandon il s'entretenait avec nous.

Et combien il était heureux, lui, si grand par la science des affaires, de nous voir partager son avis qni était toujours le résultat d'une étude consciencieuse et approfondie, et marqué au coin de la bonne foi et de l'honnêteté.

Ses qualités n'avaient d'égale, que la modestie dont il a fait preuve pendant toute sa vie, soit au barreau, soit dans la vie politique, où il s'est toujours volontairement effacé devant ceux dont il était cependant le maître à plus d'un titre.

Quant à son désintéressement il était admirable, et elles sont nombreuses les fois ou il a ouvert sa bourse, non pour y placer l'honoraire légitimement acquis, mais pour y puiser au contraire en faveur de ceux dont il avait été le défenseur.

Si nous regardons dans Edouard Devaux l'homme politique, nous le voyons profondément convaincu et esclave de l'opinion qu'il avait adoptée dès qu'il avait été en âge de penser et de se faire une conviction ; mais nous le trouvons toujours aussi, plein de respect pour ceux qui ne pensaient pas comme lui, lorsque leurs convictions lui paraissaient sincères et désintéressées.

Malgré les attaques injustes dont il a été bien souvent l'objet, jamais une parole amère pour un adversaire politique n'est sortie de sa bouche. Sa générosité lui faisait bien vite oublier les offenses. Son cœur n'avait pas de fiel.

Quant aux services qu'il a rendus à ses concitoyens il ne se comptaient plus et ce vaste champ de repos ne suffirait pas à contenir tous ceux qu'il a obligés, sans toujours se demander si ceux à qui il accordait son appui étaient des amis ou des adversaires.

Son dévouement n'avait pas de bornes et la ville de St-Omer en particulier ne saurait lui marchander sa reconnaissance.

Ai-je besoin de rappeler que tout récemment encore, lorsqu'il s'agissait d'obtenir la désignation de Saint-Omer comme siège d'une grande solennité, Edouard Devaux n'a pas hésité un instant à rompre des vacances, dont il avait tant besoin pour le rétablissement de sa santé déjà ébranlée, et à courir à Paris, afin de seconder les efforts de l'administration et du conseiller général qui avait fait triompher notre cause au sein de l'assemblée départementale.

Vous me pardonnerez, messieurs, après les fatigues de cette cruelle journée de vous avoir retenus aussi longtemps. — Si j'ai tenu à redire, après tant d'autres, bien qu'avec moins d'autorité, ce qu'était l'homme que nous avons perdu, c'est pour exhorter nos amis et la génération qui nous suit à imiter son exemple.

Nul ne sait, messieurs, l'avenir qui nous est réservé, et si de dures épreuves ne nous attendent pas !

Quoi qu'il advienne, si quelque jour nous nous sentons faiblir, nous viendrons près de cette tombe, et le souvenir de celui qui n'a jamais transigé avec ses convictions et qui, pendant 40 ans, a porté haut et ferme le drapeau du libéralisme dans cet arrondissement, nous donnera la force nécessaire pour soutenir de nouvelles luttes et pour unir et diriger nos forces vers le but que nous poursuivons tous : le bonheur de la France et le triomphe de la République.

Cette tombe sera pour nous le but d'un pieux pèlerinage et s'il m'était permis d'exprimer un vœu, c'est qu'un monument y soit élevé avec le concours de tous les amis du defunt, monument simple et modeste comme l'a été toute sa vie Edouard Devaux.

Une courte épitaphe perpétuerait son souvenir ; elle pourrait se résumer dans ces quelques mots :

Ci-gît : Un honnête homme !

Je termine, messieurs : Si la mort d'Edouard Devaux est une grande perte pour le parti républicain et pour nous tous, ses amis, il en est d'autres pour qui cette mort est aussi un malheur irréparable, j'ai parlé de sa digne compagne éplorée et de ses enfants qu'il aimait tant.

Qu'ils sachent bien que tous ici nous prenons une large part à leur douleur et puissent-ils trouver dans la manifestation sympathique de toute une population en deuil, un adoucissement à leurs peines.

Adieu Edouard Devaux ! Adieu homme de bien, ami sincère et devoué, républicain convaincu. Au nom de ceux qui ne peuvent exprimer ici leur douleur ! Au nom des républicains de St-Omer ! Adieu !

Discours
de M. Hermant-Bouquillion

CONSEILLER D'ARRONDISSEMENT.

Messieurs,

Après les paroles qui viennent d'être prononcées sur cette tombe avec une si haute autorité et tant d'éloquence, j'ose à peine élever la voix ! — C'est au nom de la France que vous apportez ici des hommages, ne dois-je pas craindre d'en affaiblir la grandeur en y mêlant les larmes et les adieux de l'amitié ?....

Cependant, Edouard Devaux a compté tant d'amis dans sa noble existence, et ceux qui, à cette heure, se pressent ici, désolés, sont si nombreux que vous permettrez à l'un d'eux de se faire l'interprète de la douleur et des regrets de tous.

Si la perte que nous subissons aujourd'hui est cruelle pour notre pays, combien n'est-elle pas plus amère pour ceux qui, dès l'enfance, ont vécu dans l'intimité de Devaux et ont apprécié ce que ce cœur d'élite contenait d'affection dévouée !

Ses qualités natives étaient une sensibilité et une douceur exquises qui le faisaient aimer de tous ceux qui l'approchaient. De plus, sa jeunesse fut entourée de soins si tendres, qu'on s'étonnerait de sa fermeté de volonté et de l'énergie de son caractère, si l'on ne se rappelait la virile éducation qu'il reçut au collège de Saint-Omer.

Des maîtres distingués dont le souvenir ne s'effacera jamais de notre mémoire, préparèrent sa vive intelligence et y firent pénétrer les graves leçons de la philosophie de l'histoire et les principes de la morale la plus élevée.

L'inébranlable résolution d'accomplir largement son rôle d'homme tel qu'il le comprenait après ces mâles enseignements, une infatigable ardeur dans la poursuite du bien partout où le lui montraient ses convictions généreuses, — et, — d'autre part, une chaleur, une hauteur d'âme qui faisaient fortement battre son cœur aux noms d'humanité et de patrie, qui le faisaient s'épanouir avec une ineffable tendresse aux noms de famille et d'amitié — ce fut, qui ne le sait parmi nous ? — ce fut Devaux tout entier.

Au milieu des vicissitudes de sa longue carrière, si remplie, si tourmentée, il n'est pas une de ses actions que la bonté de son cœur, la conscience du devoir ou l'amour de la France n'explique, ne justifie, ou ne rende plus belle encore.

C'est également dans ta haute intelligence que tu puisais, cher ami, ta foi si ferme en la justice divine et en une vie meilleure.

Que de fois, en présence de tombes ouvertes, tu vins, en termes éloquents, affirmer cette croyance et réveiller l'espoir au milieu de nos deuils !

Plus que jamais, en te quittant, nous avons besoin de cet espoir, et c'est en l'invoquant que nous te faisons nos adieux.

Nous conserverons précieusement ton souvenir, il restera cher à notre pays, et, si ton nom y rappelle le jurisconsulte éclairé, le magistrat intègre, le législateur éminent, l'ardent et vertueux patriote, il rappellera aussi l'homme bon par excellence, obligeant, désintéressé, l'ami fidèle et dévoué. Adieu mon bon, mon cher Devaux !

Il était près de sept heures et tout était dit.

La foule s'éloigna comme à regret de la tombe qui se fermait sur celui qui fut tant estimé et tant aimé de tous ceux qui l'avaient connu.

Et maintenant avons nous acquitté toute notre dette envers cet homme de bien, de dévouement et de sacrifice?... Non : il nous reste à reporter sur l'honorable famille que la mort plonge dans le plus grand deuil l'affection et la reconnaissance qu'il nous a

inspirées ; il nous reste à perpétuer par un
monument digne d'Edouard Devaux et digne
de sa ville natale le souvenir du bien qu'il
nous a fait à tous et de la sympathie profonde que nous éprouvions pour lui.—Ce monument, il faut qu'il s'élève bientôt sur l'hum-
ble tombe qu'il a choisie auprès des siens
qu'il aimait de toute la tendresse et de toute
l'ardeur de son âme. — Il faut qu'il soit, ce
monument, comme l'a très bien dit un des
orateurs qui lui ont exprimé nos derniers
adieux, comme le symbole et le centre de
ralliement pour tous ceux qui, comme Ed.
Devaux, aiment par-dessus tout sur la terre
la vérité, la justice, le progrès, la patrie.

Nous croyons être agréable à nos concitoyens en reproduisant le discours préparé
par M. Cadet, avocat, qui a été le contem-
porain de M. Devaux au barreau de Saint-
Omer. — Les lecteurs verront si le portrait
est fidèle.

Messieurs,

Après tous ces hommages rendus par des voix si
autorisées à l'homme politique et au grand citoyen,
vous me permettrez, à moi, ancien confrère de Devaux, de venir lui adresser un dernier adieu et de
vous rappeler son passé au barreau de Saint-Omer

auquel il a appartenu si longtemps et qu'il a si dignement honoré.

Devaux fut, avant tout, avocat; il aimait profondément notre chère profession et il ne l'a quittée
qu'avec un vif regret. Inscrit au tableau en 1840,
il y est resté, sauf une légère interruption, jusqu'en
1867. Il aimait à nous répéter que ces années passées au barreau avaient été les plus belles et les
plus douces de sa vie.

Après l'avènement de la République en 1848 et
la réalisation de son idéal politique, il ne consentit
à entrer dans la magistrature que pour rendre service à ses amis et sur leurs instances réitérées. —
Nommé Procureur de la République à Arras et ensuite Juge d'Instruction à Saint-Omer, Devaux, avec
ses éminentes facultés aurait pu, comme tant d'au-
res, parcourir la carrière et aspirer aux plus hau-
es fonctions judiciaires. Mais, il mettait ses convic-
ions au-dessus de son intérêt et le coup d'Etat
n'obtint de lui qu'une énergique protestation ac-
compagnée de sa démission de Juge.

Rentré au barreau de Saint-Omer, Devaux y con-
quit rapidement le premier rang. — Parole facile et
élégante, esprit lettré et délicat, science approfondie
du droit, vastes connaissances, jugement sûr, finesse
exquise et sensibilité profonde, Devaux avait ces
qualités exceptionnelles de l'intelligence, de l'esprit
et du cœur qui font le grand avocat. Son talent n'a-
vait d'égal que son désintéressement. Jamais mal-
heureux dont la cause était juste ne fit en vain appel
à sa parole et à son dévouement. Bon, serviable,
affable envers tous, il était aimé et estimé de tous
ses confrères. A cinq reprises, leurs libres suffrages
l'appelèrent aux honneurs du Bâtonnat.

Travailleur infatigable et soucieux à l'excès des intérêts de ses clients, il consacrait à l'étude tous ses instants et souvent une partie de ses nuits. Ce labeur incessant avait ébranlé ses forces et, en 1867, ce furent des raisons de sant principalement qui l'engagèrent à renoncer à sa profession d'avocat.

A cette époque, Devaux etait dans la pleine maturité et dans tout l'éclat de son talent. Sa modestie pourtant le faisait se défier de lui-même. Mieux que tout autre, il aurait pu se dispenser de cet excés de travail. Sa vive intelligence saisissait du premier coup tous les détails d'une affaire. Nous admirions son éloquence dans ces improvisations subites que faisaient naître les incidents de l'audience. Ses succès à la barre ne se comptaient plus.

A la Cour d'assises et dans les causes importantes il fallait voir Devaux à la barre avec sa taille élancée, sa figure fine encadrée de ses longs cheveux blancs, le regard vif et intelligent, la voix vibrante d'émotion, le geste sobre mais plein de dignité. Toute sa personne inspirait la sympathie et la confiance. Sa parole entraînante et convaincue s'imposait à la conscience des jurés. Lorsque par une exposition magistrale de la cause, il avait mis à néant l'accusation et qu'il demandait l'acquittement de son client dans une de ces péroraisons chaleureuses et émouvantes dont il avait le secret, l'effet produit sur le Jury et sur l'auditoire était immense.

Au civil, sa discussion empreinte de netteté et de loyauté lui assurait tous les suffrages. Les magistrats le tenaient en haute estime et lui accordaient une entière confiance. Son honnêteté, reconnue de tous, lui fut souvent une cause de succès.

C'est à Devaux surtout que pouvait s'appliquer cette définition qu'un ancien donnait de l'orateur : *Vir bonus, dicendi perilus. Homme de bien, habile dans l'art de la parole.* Devaux fut l'homme de bien par excellence. Dans la vie publique comme dans la vie privée, il fut l'homme du devoir et du désintéressement, fidèle en tout et toujours à sa conscience. Jamais renommée ne fut plus pure et mieux justifiée. Jamais caractère plus élevé ne mérita les sympathies et la considération publique qui entouraient notre excellent confrère. Son départ fut pour le barreau, la magistrature et la ville tout entière un jour de deuil.

Quant à moi, dont Devaux voulut bien protéger les débuts au barreau et à qui il accorda, comme à tous ses jeunes confrères, le secours de son expérience et de ses conseils, j'ai tenu à lui apporter un dernier témoignage de ma reconnaissance et, au nom de tous, une dernière expression de nos sympathies et de nos regrets. Puissent-ils être une consolation pour sa famille si cruellement éprouvée !

Au nom de tous vos anciens confrères qui vous ont connu et aimé, au nom de ce jeune barreau auquel vous avez légué l'exemple de votre délicatesse et de vos vertus professionnelles, en mon nom et au nom de tous, cher Devaux, adieu !